Para Lunita, Pablo y Holly "Holita," los frijolitos más preciosos de mi vida. — **JA**

For Lunita, Pablo and Holly "Holita," the most precious beans of my life. — **JA**

Para Victor e Ivonne, mis padres y los mejores cocineros del mundo. — **RY**

For Victor and Ivonne, my parents and the best cooks in the world. — **RY**

Nota

Todas las etapas de la receta que vienen marcadas con * requieren la participación o supervisión de un adulto.

Note

All stages of the recipe that are marked * require the participation or supervision of an adult.

Published in 2009 by Groundwood Books / House of Anansi Press
groundwoodbooks.com
First paperback edition 2017
Third printing 2022

We gratefully acknowledge for their financial support of our publishing program the Government of Canada.

With the participation of the Government of Canada
Avec la participation du gouvernement du Canada | Canadä

Library and Archives Canada Cataloguing in Publication
Argueta, Jorge, author
Sopa de frijoles : un poema para cocinar / por Jorge Argueta ; ilustrado por Rafael Yockteng = Bean soup : a cooking poem / words by Jorge Argueta ; pictures by Rafael Yockteng.
Issued in print and electronic formats.
Text in Spanish with English translation.
ISBN 978-1-77306-002-6 (paperback).—ISBN 978-1-55498-286-8 (pdf)
1. Cooking—Juvenile poetry. 2. Cookbooks. I. Yockteng, Rafael, illustrator II. Title.
PQ7539.2.A67S67 2016 j861'.64 C2016-904237-5
C2016-904238-3

Design by Michael Solomon
Printed and bound in Canada

SOPA DE FRIJOLES

BEAN SOUP

Un poema para cocinar

•

A Cooking Poem

POR / WORDS BY

JORGE ARGUETA

ILUSTRADO POR / PICTURES BY

RAFAEL YOCKTENG

GROUNDWOOD BOOKS

HOUSE OF ANANSI PRESS

TORONTO / BERKELEY

Para una sabrosa
sopita de frijoles
sólo necesitas...

☼

For a yummy
bean soup
all you need are...

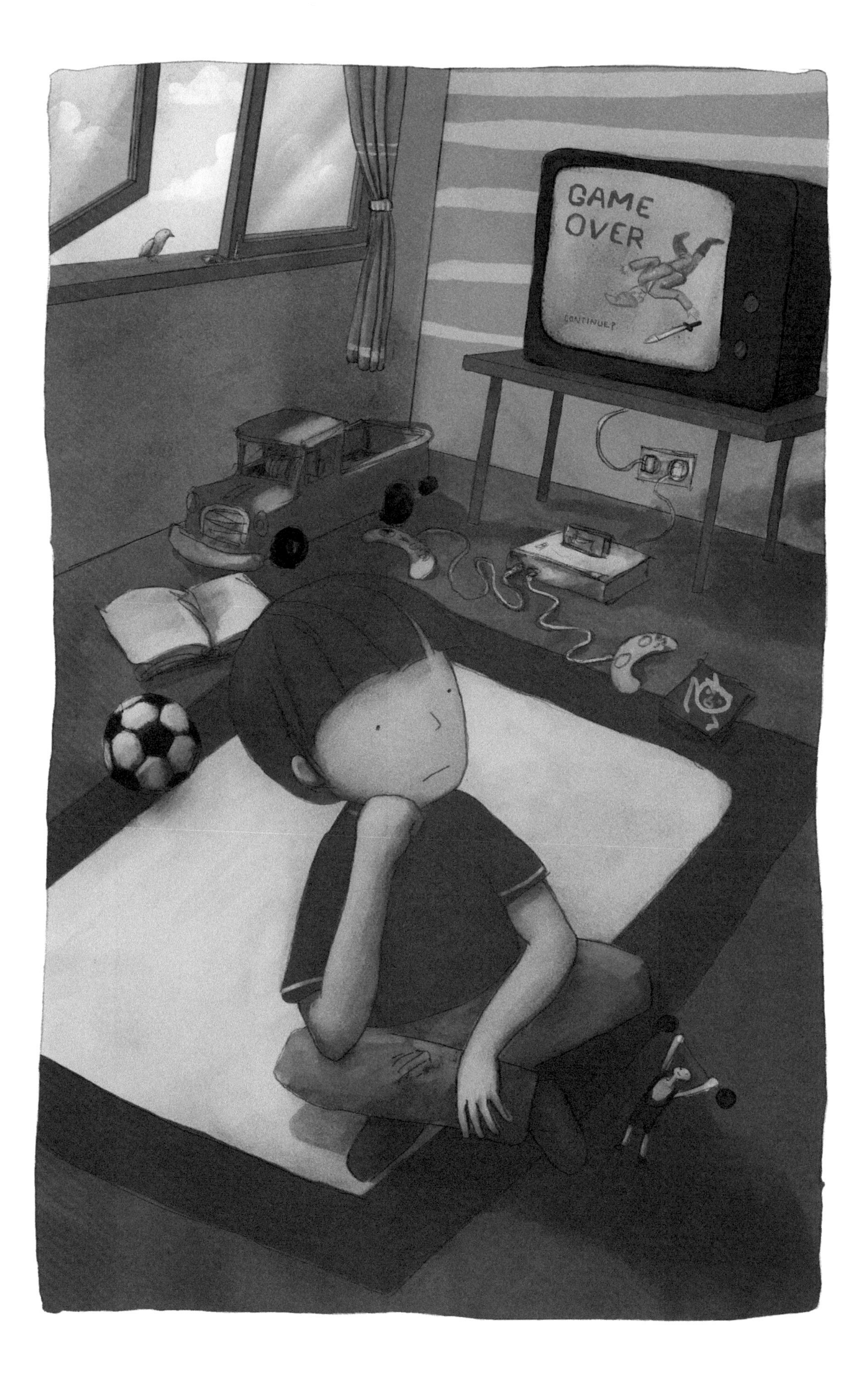
GAME
OVER
CONTINUE?

dos tazas
de frijolitos
blancos
rojos
o pintos
como el atardecer

una cabezota
de ajos
con dientes
blanquitos y olorosos
como el mediodía

two cups
of beans
white
red or
black
as night

a big head
of garlic
with fragrant
cloves white
as midday

BEANS
BEANS
BEANS

una cebollota
roja
blanca o amarilla
como el amanecer

y una olla
redonda como la luna
y honda como
un pequeño lago.

☼

a huge onion
red
white or yellow
as the dawn

and a pot
round as the moon
and as deep
as a little lake.

Necesitas seis tazas
de agüita natural
sin burbujas
ni sabores
agüita simple y pura
agüita pura y nada más

y un volcancito de sal
en la posita
de una cuchara.

☼

You need six cups
of natural water
not with bubbles
or tastes
just plain pure water
pure water and nothing else

and a little salt volcano
nestled
in the bowl of a spoon.

SALT

Primero pones
los frijolitos
en el cielo de la mesa.
Los frijoles son estrellitas.

Los limpias
de cualquier basurita.
Los frijolitos al chocar
unos con otros
hacen musiquita.
Tú también puedes cantar.

First spread
the beans
out on the sky of the table.
The beans are stars.

Throw away
any little pebbles.
When the beans touch
they clink a little song.
You can sing too.

Ay qué rica sopita
sopa sopón
sopita de frijolitos.
La comerán
mis hermanos
mi hermana
mi mamá mi papá
y también yo.
¡Ayyyy qué sabor!

Oh, what a yummy soup
soupy soup
beany soup.
It will be eaten by
my brothers
my sister
my mom and my dad
and me.
Soooo delicious!

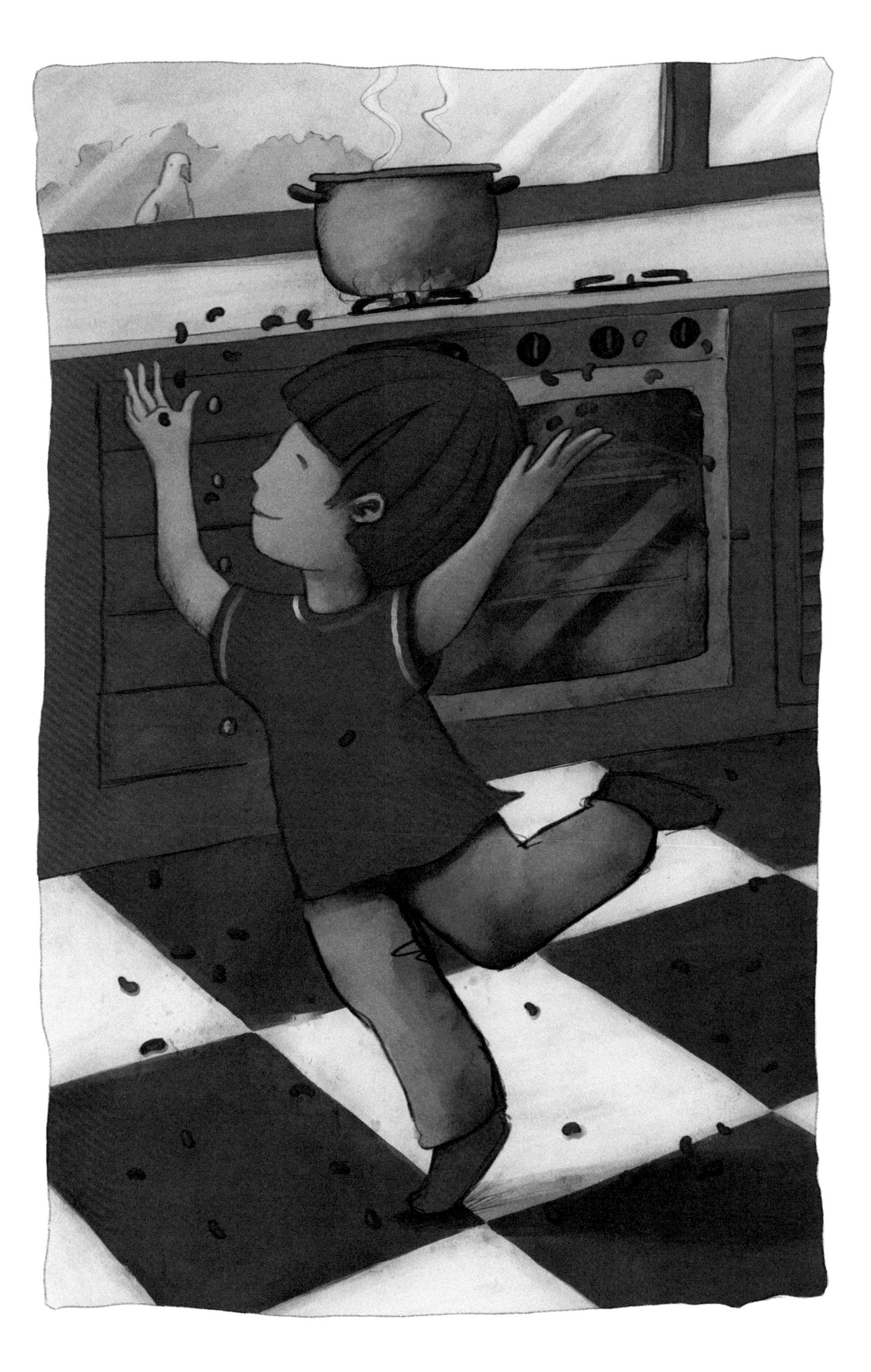

Le echas agua
a la olla

agua agüita
abuelita linda
con tus caricias
la vida nos das.

Ahora ya limpios
los frijolitos.
Los hechas a nadar
en el lago de la olla.

☼

Pour water
into the pot

watery water
lovely granny
whose caresses
give us life.

And now the beans
clean beans.
Throw them into the pot's lake
for a swim.

Los llevas a la estufa.*
Y te sonríes
al ver las llamas del fueguito
que abrazan a la olla.

Aquí los dejarás.*
Sin taparlos
por una hora más o menos.
Los frijolitos van a echar
una espuma blanca como una nube.
La sacas con un cucharón.*
El fuego va a bailar
mientras los frijoles
se van ablandando
lentamente.

Carry them to the stove.*
Smile to yourself
as the little flames
give the pot a hug.

There you'll leave them.*
Don't cover them
for an hour or more.
The beans will foam
a foam like a cloud.
Skim it off with a big spoon.*
The fire will dance
while the beans
slowly get soft.

El agüita hierve y canta.*
Los frijolitos bailan unos
con otros.
El agüita se ha vuelto
morena como el color
de la Madre Tierra.

Tu casa
está olorosa
como la tierra
en las primeras
lluvias de invierno.

The water boils and sings.*
The beans dance
together.
The water has turned brown
the color of Mother Earth.

Your house
smells wonderful
like the earth
after the first
winter rains.

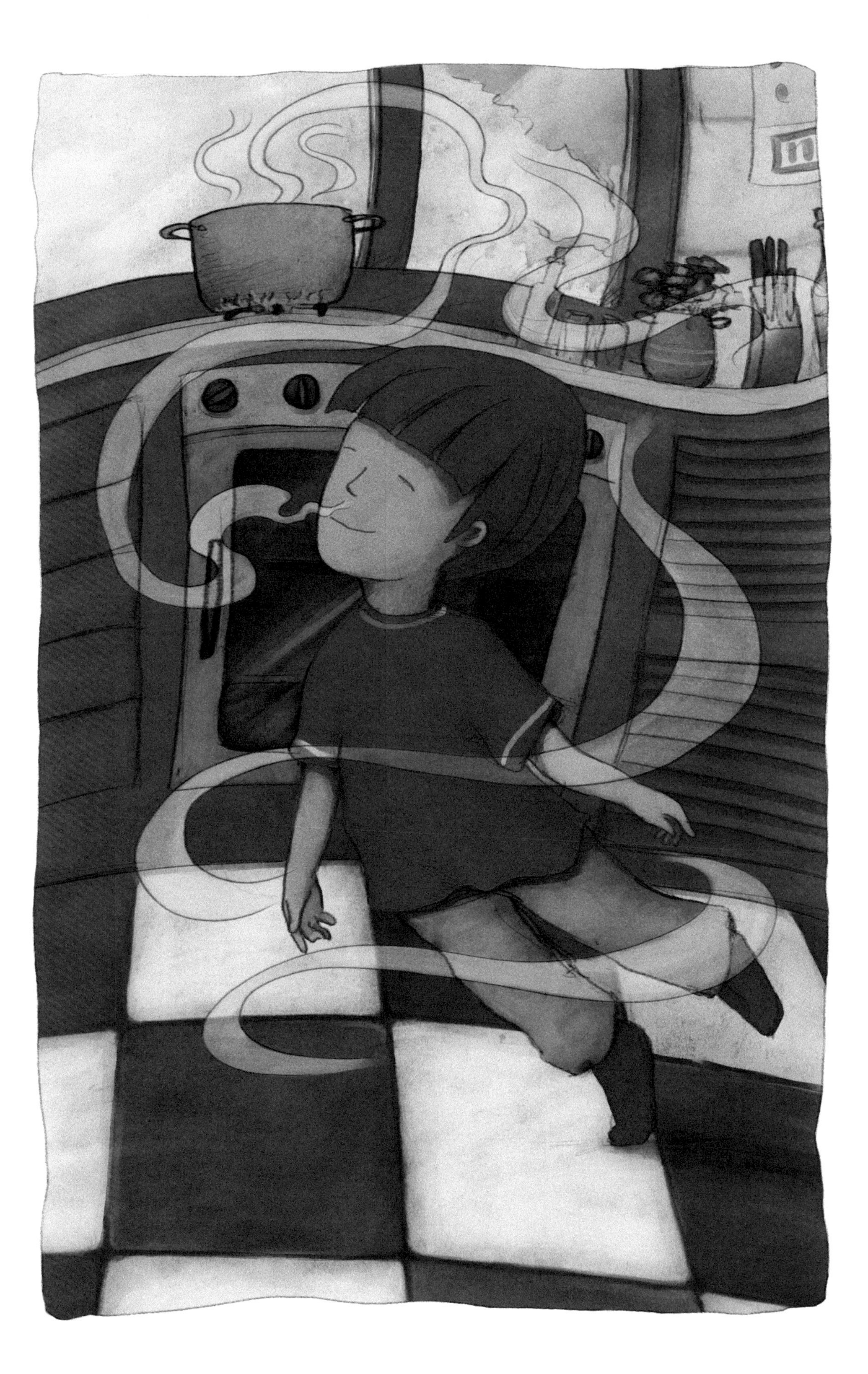

Ahora llega
la hora de cortar la cebolla.*
Pero antes debes quitarle la cascarita
que como un manto
delicado y suave la cubre.

Antes de cortarla en cuatro
debes de decirle:
—Gracias por tu saborcito, cebollita
y comienzas
a cortarla despacito.*
Trata de no llorar
porque el llanto hace
amarga la comida.

☼

Now it is
time to cut the onion.*
First you have to remove
the onion's coat
its soft delicate skin.

Before you cut it in four
you need to say,
"Thank you for your lovely taste
little onion," as you
slowly start to chop.*
Try not to cry
because tears can make
food taste sour.

Los ajos también
vienen vestidos
cada uno con un vestidito blanco.
Uno a uno los desnudas
diciéndole: —Gracias
por tu saborcito.

Unos los cortas*
otros los dejas enteros.
Llegó la hora de ponerlos
junto con las cebollas
en el lago moreno de la sopa.

Garlic also
comes dressed
each clove in a little white dress.
One by one you peel them
saying, "Thank you
for being so tasty."

Some you chop up*
some you leave whole.
Then it is time
to add them with the onions
to the brown soup lake.

Le pones la sal*
regándola con tus deditos
como si fuera lluvia
que brota de tus manos.

Mueves la sopita*
con tu cucharón.
Haciendo círculos
como si fueras la Madre Tierra
que va girando
alrededor del sol.

☼

You add the salt*
sprinkling it through your fingers
as though it were rain
blossoming from your hand.

Stir the soup*
with your big spoon.
Draw circles as though
you are Mother Earth
turning around
the sun.

Mientras la sopita
se sigue cocinando*
tú recoges
la basurita de los frijoles
la cascarita de la cebolla
y de los ajos
y las llevas al tronco de un árbol
o a tu jardín
y allí las entierras
para que la Madre Tierra
siga teniendo más sabores.

While the soup
is cooking*
pick up
the pebbles from the beans
the onion peel
and the garlic skins.
Take them all to a tree
or to your garden
and bury them there
so Mother Earth
keeps on growing flavors.

Ahora sí
ya todo está listo.
Calienta las tortillas*
saca los platos hondos
y las cucharas.
Adorna tu mesa
con flores y sonrisas.
Llama a tu mamá y papá
a tus hermanos y hermana
y a comer la rica
sopa de amor
de frijolitos.

Now at last
everything is ready.
Heat the tortillas*
take out the deep bowls
and the spoons.
Decorate the table
with flowers and smiles.
Call your mom and your dad
your brothers and your sister
and eat up
the loving lovely
bean soup.